Michel Tournier

de l'Académie Goncourt

Le pied
de la lettre

Trois cents mots propres

Édition revue et augmentée
par l'auteur

Mercure de France

AU PIED DE LA LETTRE
Au sens propre, exact,
véritable du terme,
de l'expression.

PRENDRE SON PIED
Avoir du plaisir, être heureux
(dans quelque domaine que ce soit).

Grand Robert

Me trouvant récemment à Calcutta, je m'efforçai de comprendre le système des castes. À l'ami indien qui me guidait, je posai la question cruciale :

— Et moi ? En tant qu'écrivain, j'appartiens à quelle caste ?

Il me désigna une brochette d'hommes gravement accroupis sur leurs talons au bord d'un trottoir. Chacun avait, posés devant lui, quelques outils qui indiquaient assez clairement telle ou telle profession. Il y avait donc là menuisiers, plombiers, barbiers, déboucheurs d'oreilles (je n'ose pas écrire otistes), ravaudeurs de hardes. Plus un barbu qui veillait sur un bouquet de plumes, un encrier, un bâton de cire et une bougie allumée que protégeait un petit paravent de carton : l'écrivain public.

— Vous êtes un artisan parmi d'autres, me

11

dit mon guide, voué à un travail manuel (manuscrit = écrit à la main), et donc vous appartenez à la caste la plus basse, celle des Intouchables.

Et comme pour me consoler, il ajouta :

— D'ailleurs, rassurez-vous, les Intouchables forment quatre-vingt-dix pour cent de la population indienne et, malgré leur dénomination, ce sont les seuls qui se puissent toucher et qui se touchent entre eux.

Il n'y avait pas lieu de me consoler. Cette appartenance à la catégorie artisanale me paraît tout à fait honorable, et d'autant plus juste que l'écrivain non seulement écrit de ses mains, mais solitairement, chez lui ; bref, il relève de la catégorie la plus pure du genre : c'est un artisan en chambre.

Si j'examine maintenant quelle panoplie je devrais mettre à mes pieds sur le trottoir de Calcutta, je note non seulement stylo (à plume et à piston, car seule l'encre de l'encrier sent l'encre, odeur indispensable ; l'encre des cartouches ne sent rien), encrier, papier (de machine à écrire, mais le plus épais, le 80 grammes), mais aussi machine à écrire (à traitement de texte), mais surtout — et c'est là que le B A BA blesse — des dictionnaires, des dictionnaires et encore des dictionnaires. Je n'ose compter le nombre de dictionnaires français et étrangers qui entourent mon labeur de leur massive muraille. Peut-être aurais-je plus tôt fait en énumérant ceux qui me manquent encore. Ce sont eux d'ailleurs qui font de moi un voyageur malheureux, un sédentaire obligé. Car ces gros bouquins sont en quelque sorte le prolongement de mon cerveau et comme un formidable supplément de substance grise toujours disponible. Tellement que, sorti de la forteresse de dictionnaires où je gîte, je me sens comme décérébré.

Or qu'est-ce qu'un dictionnaire ? C'est un grenier à mots avec pour chaque mot son mode d'emploi. Et comme le disait Mallarmé à Degas, la littérature, cela se fait avec des mots. Oui, le mot est la matière première de l'écrivain, et il n'est pas surprenant qu'on en trouve partout dans son atelier, rangés au râtelier et prêts à l'usage, ou bien usés, brisés, jonchant le sol, ou encore au contraire exposés en vitrine comme des choses rares et précieuses, mais devenues inutilisables. Et la mine inépuisable, ce sont les dictionnaires et leurs éditions successives.

Donc cheminant le long des 58 700 mots du *Petit Larousse*, des 60 000 acceptions du *Littré*, des 80 000 entrées du *Grand Robert* — pour ne citer que ces grands classiques —, j'ai glané environ 300 vocables ayant tous quelque chose d'intéressant à mes yeux. Certains par leur étrange beauté que leur définition épanouit comme une fleur de *bourrache*, de *joubarbe* ou de *jusquiame*. D'autres parce qu'à l'usage une sorte de taie les a rendus opaques et de ce fait inutilisables (*normal, obnubiler, saupoudrer*). D'autres parce qu'en vertu d'une ressemblance fortuite ils se groupent en familles bizarres et fascinantes (*luxe, luxation, luxure*). D'autres enfin parce que, en réponse à ma vocation d'écrivain, c'est moi qui les ai inventés (*bassitude, héliophanie, phorie*).

Je songe à un promeneur flânant sur une grève de galets. Il y en a des milliers, des millions à ses pieds. Parfois, il se baisse et en ramasse un que son œil a distingué en raison d'une forme particulièrement harmonieuse ou biscornue au contraire. Nul doute qu'un autre promeneur aurait glané une autre collection, laquelle lui aurait ressemblé, en quelque sorte.

Ainsi ce petit livre, chacun pourrait le refaire pour son compte, et ce serait à chaque fois un livre différent, mais toujours son auteur y gagnerait quelque chose, je pense, car ce modeste exercice ressemble un peu à un examen de conscience. Le mot propre. Parler proprement. Un mot « impropre » n'est-il pas d'une certaine façon un mot sale ? C'est qu'il y a une hygiène mentale et presque une sorte de probité morale

dans le « bon usage » des mots. Mais le malheur
avec les dictionnaires, c'est qu'ils ne font
qu'enregistrer l'usage, lequel inexorablement
évolue, et souvent en dépit du bon sens. Aucun
souci « normatif » dans un dictionnaire. Les
dérives les plus aberrantes s'y trouvent enregis-
trées avec le reste. Mais du même coup ne sont-
elles pas ainsi justifiées ? Dans bien des cas,
l'écrivain — qui se sent tenu par profession de
« donner un sens plus pur aux mots de la tribu »
— se révolte contre tant de laxisme. « Moi,
jamais ! » se jure-t-il en constatant un impardon-
nable dérapage. C'est beaucoup promettre. Trop
sans doute. Du moins doit-il s'engager à n'user
d'une « impropriété » qu'en toute connaissance,
et après en avoir mûrement pesé le pour et le
contre.

ABÎME. Du grec *abussos* ἄβυσσος : sans fond. *Du fond de l'abîme entr'ouvert sous ses pas* (*Athalie*, III, 5). Ce vers de Racine : contient donc une absurdité d'autant plus étrange qu'il avait fait des études de grec.

• André Gide suggère d'écrire *abyme* quand le mot est employé dans un sens particulier emprunté à la langue du blason : *J'aime assez qu'en une œuvre d'art, on retrouve ainsi transposé, à l'échelle des personnages, le sujet même de cette œuvre [...]. Ainsi dans tel tableau de Memling ou de Quentin Metsys, un petit miroir convexe sombre reflète, à son tour, l'intérieur de la pièce où se joue la scène peinte* (*Journal*, 1893).

Une image « abymée » est donc affligée d'un trou sans fond qui est simplement sa propre reproduction. Sans fond, puisque cette image seconde doit nécessairement contenir une image troisième, etc. Le couvercle des boîtes de fromage de la marque « La Vache qui rit », dessiné par Benjamin Rabier (1868-1939), est orné d'une image « abymée ». En effet la vache hilare qui y figure porte en boucle d'oreille une boîte du même fromage sur laquelle on voit cette même vache hilare portant en boucle d'oreille, etc., à l'infini.

ABOUCHER.

1. Sens matériel : joindre bout à bout (deux tubes, deux tuyaux, etc.).

2. Sens figuré : se mettre d'accord avec quelqu'un.

À mi-chemin de ces deux emplois, on pourrait user de ce beau mot à la fois au sens propre et s'agissant de deux personnes.

EXEMPLE : *assis sur un banc public, deux amoureux s'abouchent.*

ABSINTHE. Du grec *apsinthion* ἀψίνθιον : qu'on ne peut pas boire.

C'est ainsi que l'entend la Bible.

EXEMPLE : *Car les lèvres de la courtisane sont comme un rayon qui distille le miel, et son gosier est plus coulant que l'huile, mais la fin en est amère, comme l'absinthe, et perçante comme le glaive à deux tranchants* (Livre des Proverbes, V,

3-4). Et dans l'Apocalypse de saint Jean (VIII, 10-11) : *Le troisième ange sonna de la trompette, et, du ciel, tomba une grande étoile, ardente comme un flambeau, et elle tomba sur la troisième partie des fleuves et sur les sources des eaux. Et le nom de l'étoile est Absinthe, et beaucoup d'hommes moururent à cause de ces eaux, parce qu'elles étaient devenues amères.*

De ces eaux amères et ardentes, de ce liquide « qu'on ne peut boire », les artistes et les poètes du XIXe siècle firent leur boisson favorite, et ils moururent fous. Il fallut la loi du 16 mars 1915 pour mettre fin aux ravages de celle que Verlaine appelait affectueusement sa « petite fée verte ».

ABSOLU. Du latin *ab-solutum* : qui n'a pas de lien, sans rapport, non relatif.

Un concept qui pour exprimer le comble de la positivité emprunte une forme négative. En vérité tout ce que nous sommes, tout ce que nous connaissons est tellement relié-à..., relatif, que le contraire devient inexprimable. Il conviendrait peut-être de laisser un blanc à la place du mot absolu, comme certains écrivains religieux qui se refusent à écrire le mot Dieu.

N. B. *Infini* appelle une réflexion comparable.

ABSTÈME.

Qui ne boit pas de vin. Un chrétien ne peut être abstème, sa religion étant liée consubstantiellement au vin. Les prêtres, qui déclarent avoir le vin en abomination, peuvent par privilège épiscopal ne communier que sous l'espèce du pain, et se contenter de toucher de leurs lèvres le bord du calice.

ACHARNER.

Donner le goût de la chair à un oiseau de chasse pour développer son instinct prédateur. À rapprocher de cette idée des bourgeois anglais du XIXe siècle rapportée par Dickens : en faisant manger de la viande à un enfant pauvre, on risque de faire de lui un voleur, un révolté, un révolutionnaire.

ADORATION.

Amour verbal.

ADORER. Du latin *orare ad* : adresser des paroles (d'amour) à quelqu'un.

AGAME.

Se dit des plantes qui n'ont ni organe ni comportement sexuels repérés. Certains êtres humains pourraient être eux aussi qualifiés d'agames.

AHURIR.

Étonner quelqu'un au point que son visage ressemble à une hure.

AIMANT.

Un naturaliste chinois du VIIIe siècle donne cette définition de l'aimant : *Pierre qui fait venir le fer à elle, comme une tendre mère ses enfants, et c'est pour cela qu'elle a reçu le nom de pierre aimante.*

ALEZAN.

Couleur fauve pour un cheval. D'un mot arabe qui signifie *beau*. Comparer avec le mot russe *krasinyj* (rouge), très proche de *krasiwyj* (beau). Ainsi la place Rouge est la belle place, l'armée Rouge est la belle armée.

AMATEUR.

Mot ambivalent qui tend à se péjorer. Naguère synonyme de connaisseur, il s'oppose de plus en plus à professionnel. Un travail d'amateur est un mauvais travail.

ANALPHABÈTE.

Qui ne sait ni lire ni écrire. Sens aggravé par le jeu de mots suggéré par la dernière syllabe : analphabète, comme une bête.

ANATOPISME.

Mot créé par Michel Tournier dans son livre *Vues de dos*. Équivalent pour l'espace de ce qu'est l'anachronisme pour le temps. Le surréalisme use volontiers de l'anatopisme.

EXEMPLE : *figurer la tour Eiffel en plein Sahara.*

ANDROGYNE.

Qui possède les caractères de l'un et l'autre sexes.

EXEMPLE : *la femme à barbe.*

C'est le contraire d'*asexué*, c'est-à-dire ne possédant aucun caractère sexuel.

EXEMPLE : *les anges ou certains adolescents.*

On commet un contresens en évoquant le « charme androgyne » de certains adolescents.

ANUS.

On a dit que le soleil ni la mort ne se peuvent regarder en face. Au soleil et à la mort, il faut ajouter l'anus. Il ne peut se regarder en face en raison de sa position anatomique. Le propos serait léger si l'anus n'avait une affinité évidente aussi bien avec le soleil qu'avec la mort. Avec le soleil, en raison de sa forme rayonnante. Avec la mort, car l'excrément est le niveau zéro de l'existence (voir aussi *fondement*).

APPAS.

Poitrine de la femme.

APPÂT.

Pâture servant à attirer des animaux pour les capturer.

APOCALYPSE. Du grec *apokalupsis* ἀποκάλυψις :

1. Révélation, dévoilement de la vérité.

2. Cataclysme, catastrophe, fin du monde.

Ces deux sens sont inséparables dans l'esprit des auteurs apocalyptiques — de saint Jean à Léon Bloy —, car ils pensent que le monde n'étant qu'un tissu de mensonges et d'illusions, seule une destruction générale rendra visible la vérité.

APPRÉHENSION.

1. Fait de saisir par l'esprit. Comprendre.

2. Fait d'envisager quelque chose avec crainte.

Ces deux sens sont contradictoires.

En effet ce que notre esprit conçoit clairement ne devrait pas être source de crainte.

APPRIVOISER. Du latin *privatus* : faire entrer dans sa vie privée.

ARANTELLE, ARANTÈLE OU ARNITOILE.

Toile d'araignée.

ASIATIQUE.

D'Asie. Évoque plutôt la pauvreté. Au contraire, *oriental* donne une idée de richesse.

ATAVISME. Du latin *atavi* : quadrisaïeuls.

Apparition chez un individu d'un trait héréditaire provenant non de son père ou de sa mère, mais d'un ancêtre plus éloigné. C'est à la fois le comble de l'hérédité et sa négation. Car, d'une part, ce qui en moi ne provient ni de mon père ni de ma mère ne m'appartient pas pour autant, et renvoie à un autre ascendant. Mais, d'autre part, l'hérédité qui pèse sur moi se trouve, grâce à l'atavisme, divisée en un nombre infini d'ancêtres, et par là même pulvérisée, réduite en poussière, réduite à rien.

AVATAR. Du sanscrit *avatara* : descente du ciel sur la terre, incarnation.

C'est évidemment une bévue d'employer *avatar* comme synonyme d'*aventure*. Et pourtant ! On imagine la Sainte-Trinité trônant au sommet du ciel depuis des myriades de siècles, infiniment sereine et immobile. Et tout soudain, sur le

26

coup des années soixante-dix du règne de Tibère, l'un de ses trois termes, le Fils, décide de s'incarner. Il faut bien que les deux autres s'en mêlent peu ou prou. Le Saint-Esprit prend l'apparence (l'avatar ?) d'une colombe, et s'en va féconder une jeune fille de Nazareth. Le Père fait mine de présider et de bénir les opérations. Quant au Fils, il a mis le doigt dans un engrenage cahoteux et catastrophique : fuite en Égypte, massacre des Innocents, noces de Cana, flagellation, crucifixion, etc. Que d'aventures pour un avatar !

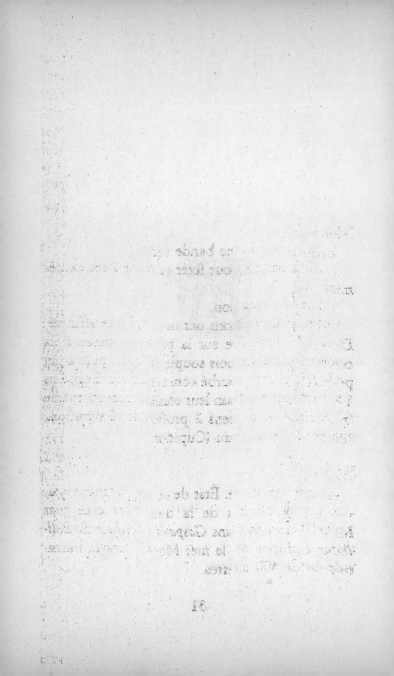

BANDER.

1. Entourer d'une bande serrée.

2. Plier un arc pour fixer sa corde à ses extrémités.

3. Être en érection.

Ces trois acceptions ont une évidente affinité. De la bande serrée sur la plaie, on passe à la corde imposée au bois souple de l'arc, puis à un pénis tendu et recourbé comme un arc. Les sens 1 et 3 ont en commun leur connotation charnelle (plaie-sexe), et le sens 2 profite de la signification érotique de l'arc (Cupidon).

BASSITUDE.

Altitude négative. État de ce qui se trouve au-dessous du niveau de la mer. Mot créé par Michel Tournier dans *Gaspard, Melchior & Balthazar* à propos de la mer Morte, dont la bassitude est de 400 mètres.

BÉAT. Du latin *beatus*, heureux.

À l'origine laudatif sans aucune réserve, ce mot a pris un sens péjoratif, sans doute à cause de sa ressemblance avec *bête* et *béer*.

EXEMPLES : *un optimisme béat. Rester la bouche bée.*

BESOGNE. Du francique *bisunnia* : soin, souci.

Acte sexuel. S'agissant des facultés de l'âme et de la sexualité, Montaigne oppose besogne et sommeil (*Essais*, III, 5), tandis que Pascal compare l'acte sexuel et l'éternuement (*Pensées*, 648).

BIFURQUER.

Se diviser en deux, en forme de fourche. Une route bifurque comme un arbre dont le tronc aboutit à deux branches. Souvent employé fautivement dans le sens de *tourner*.

EXEMPLES : *la voiture bifurque à droite. Faire bifurquer la conversation.*

BISE.

1. Vent du nord-est, âpre et glacé.
2. Petit baiser affectueux.

BLÉ.

Il est remarquable que plusieurs grandes civilisations se caractérisent par une nourriture ou une boisson essentielles désignées par un mot de trois lettres : blé, vin, riz, thé, mil.

BOCHE.

Au début du siècle, une mode populaire consistait à terminer certains mots par *oche*. On disait ainsi la *Bastoche* et le *cinoche* pour la Bastille et le cinéma. C'est ainsi que les Allemands devinrent en 1914 les Alboches, puis par abréviation les *Boches*.

BON.

Bizarrement, l'épithète semble avoir une extension plus grande que le substantif. On dit un *bon couteau*, on ne parlerait pas de la *bonté* d'un couteau. Pourtant on peut trouver *la bonté des sièges* dans *Le Général Dourakine* de la comtesse de Ségur. Comme si la fonction d'accueil et en quelque sorte l'hospitalité d'un siège permettaient de nuancer ses qualités matérielles d'un peu de vertu morale. Même observation pour *tendresse*. On parle d'un *biftèque tendre*, on ne parlera pas de la *tendresse* d'un biftèque. Faut-il dire alors *tendreté* ? En revanche :

« Ses pieds nus jouissaient de la tendresse du tapis » ne serait pas si mal.

BOURRACHE. De l'arabe *abu rach* : père de la sueur.

Plante à grandes fleurs bleues qui affectionne les décombres et les terrains vagues, et qui doit son nom à ses vertus sudorifiques.

BOUSTROPHÉDON.

Ce mot si sympathique avec ses grosses joues et ses grosses fesses désigne un type d'écriture grecque comparable au sillon tracé par un bœuf qui va et vient dans un champ, de telle sorte que cette écriture se lit de droite à gauche, puis de gauche à droite.

BRAIE.

Pantalon gaulois. Débraillé = déculotté.
Braguette = petite braie, etc.

CACA. Du grec. Neutre pluriel de *cacos* κακός : choses mauvaises.

Il est amusant que le mot le plus puéril et le plus malsonnant de notre langue nous vienne directement et sans changement du grec de Platon et de Démosthène.

CACOSMIE.

Perception d'une mauvaise odeur imaginaire. Il n'existe pas de mot pour désigner la perception d'une bonne odeur imaginaire.

CALEMBOUR.

Jeu de mots reposant sur une homophonie équivoque, le même son évoquant deux sens différents. Après avoir été longtemps méprisé (Victor Hugo en faisait « la fiente de l'esprit qui vole »), on lui prête de secrètes vertus, soit psychanalytiques (Freud), soit métaphysiques (Heidegger).

CALIFORNIE.

Pour Flaubert, quantité énorme. Du *Cours de philosophie positive* d'Auguste Comte, il écrit : *Il y a là-dedans des californies de grotesque.*

CALLIGRAMME.

Poème dont la typographie forme une image illustrant son sujet. Le calligramme marque la réconciliation du signe et de l'image. Certains mots possèdent par eux-mêmes un effet calligrammatique.

EXEMPLE : *crevette, lapin, locomotive, gnome, obèse, poussah, etc., ressemblent par la forme de leurs lettres aux choses qu'ils désignent.*

CALME. Du grec *kauma* καῦμα : chaleur intense.

On n'hésite pourtant pas à identifier le calme à de la froideur psychologique.

CALOMEL. Du grec *kalos* καλας : beau, et *melas* μέλάς : noir.

Poudre blanche (chlorure mercureux).

CAMARADE. De l'espagnol *camera* : chambre.

Celui dont on partage la chambre. Comparer *copain*, celui dont on partage le pain.

CAMÉRA.

Petite boîte de nuit que le photographe promène au soleil en prenant garde de ne pas laisser échapper son contenu.

CAMP.

Valéry s'étonnait que l'on dise *ficher le camp* pour partir, lever le camp. Alors que *ficher* signifie au contraire planter, s'implanter.

CANAILLE. De l'italien *cane* : chien.

A remplacé *chiennaille* que l'on trouve dans le *Roman de Renart* (XIIIe siècle).

CARMINATIF. Du latin *carmen* : cantique, chant.

Tisane carminative : qui provoque l'expulsion sonore de gaz intestinaux.

CATIMINI. Du grec *katamenia* καταμήνια : menstrues.

Que fait une femme en catimini ? Elle soigne ses règles.

CERVELLE.
Cerveau au féminin.

CHAGRIN.
En argot : *travail*.
EXEMPLE : *se lever tôt pour aller au chagrin*.

CHAMADE.
Roulement de tambour par lequel les assiégés annoncent leur capitulation.

CHARCUTERIE.
Chair cuite.

CHASSER.
1. Poursuivre pour capturer.
EXEMPLE : *des lapins*.
2. Poursuivre pour faire fuir.
EXEMPLE : *des mouches*.

CHAUFFEUR.
Conducteur d'une automobile. Très logiquement les Canadiens emploient *chauffer* dans le sens de conduire une automobile.
EXEMPLE : *ma femme va vous chauffer à la gare*.
Suivis en cela par les Allemands avec *chauffieren*.

CHICOTIN.

Poudre de coloquinte.

EXEMPLE : *amer comme chicotin*.

Rarement l'œil, l'oreille et le goût sont ainsi simultanément réjouis et agressés par ces deux simples mots : coloquinte et chicotin.

COMBLE.

Plénitude. Débordement. Sommet intérieur, obscur et secret d'une maison. L'un des plus beaux mots de la langue française.

COMMÉMORATION.

Opération par laquelle un événement historique — et souvent brutal, imprévisible et angoissant — est décanté d'année en année pour devenir une fête populaire prévue, préparée et rassurante.

EXEMPLE : *la prise de la Bastille avec ses bals populaires et ses feux d'artifice*.

COMMÈRE.

La marraine d'un enfant est la commère de son parrain.

CON, CONNE, CONNERIE, DÉCONNER.

Dans *Le Médianoche amoureux* de Michel Tournier, l'un des personnages propose de remplacer ces mots par vagin, vagine, vaginerie, dévaginer.

COQUETEL.

Réunion mondaine où l'on vient coqueter.

COQUETER.

Faire des coquetteries. Tenir des propos futiles (synonyme : caqueter).

COSMIQUE, COSMÉTIQUE.

Ces deux mots, au sens apparemment si éloigné, doivent leur ressemblance à une racine grecque commune qui signifie ordre, organisation, arrangement.

COUILLOTE.

Mot d'enfant pour désigner sa culotte, laquelle est ainsi définie par son usage antérieur plutôt que postérieur.

COUPOLE.

Voûte sphérique vue de l'intérieur. Vue de l'extérieur, c'est un dôme.

COUVERT.

Dans la locution « la table et le couvert », le couvert désigne le toit. Il s'agit donc de la nourriture (table) et de la chambre à coucher (couvert).

CRISTAL. Du grec *krustalos* κρύσταλλος : glace.

Les anciens Grecs croyaient en effet que le cristal de roche — variété incolore de quartz — n'était que de la glace qui s'était solidifiée à si basse température dans la montagne qu'on ne pouvait plus la faire fondre.

CROQUE-MITAINE. De l'allemand *Mädchen* : petite fille.

Il y a donc l'Ogre (par exemple, de Perrault) amateur de petits garçons, et le Croque-Mitaine qui est un croque-fillette.

CYNIQUE. Du grec *kunikos* κυνικός : chien.

Aucun autre animal en effet n'étale aussi cyniquement que le chien son érotisme scatologique et ses accouplements laborieux.

DÉBANDADE.

En mettant toute l'œuvre d'Émile Zola sur ordinateur, on s'est aperçu que ce mot revenait avec une fréquence inhabituelle. Il est bien vrai en effet que la débandade (déchéance d'un individu, d'une famille, d'une armée, d'une société) reste le grand thème de Zola.

Il y aurait une amusante dérive érotique du mot appliqué à un fiasco sexuel.
EXEMPLE : *la débandade de Don Juan.*

DÉCHIFFRAGE.

Action de lire de la musique à première vue.

DÉCHIFFREMENT.

Action de déchiffrer un texte à l'aide de la clé qui a servi à le chiffrer.

DÉFLATION.

Dans les déserts, balayage par le vent qui opère de lui-même le tri des débris.

DÉPAREILLER.

Ôter une chose qui appartenait à un ensemble.

DÉPARIER.

Défaire une paire.

• On parlera ainsi d'une chaussure *dépariée* et de pièces d'un jeu d'échecs *dépareillées*.

DÉPARLER.

1. Cesser de parler.

EXEMPLE : *il n'a pas déparlé deux heures durant*.

2. Dire n'importe quoi, radoter.

3. Dire du mal de quelqu'un, médire, calomnier.

DÉSINVOLTE. Du latin *volvere* : rouler, impliquer, compromettre.

Le désinvolte est celui que rien ne tient ni ne retient.

DESSEIN, DESSIN.

Heureuse homophonie de ces deux mots, parce que, en règle générale, un projet (dessein) commence par une esquisse (dessin).

DÉVERGONDÉ. Du latin *verecundia*.

N'a rien à voir avec les « gonds » d'une porte. Non, on ne dit pas « une porte dévergondée ». Dévergondé : sans pudeur.

DIABLE.

Dans le roman de Michel Tournier *Le Roi des Aulnes*, l'un des personnages oppose *symbole* (un signe qui unit) et *diabole* (un signe qui désunit), conformément à l'étymologie.

DIALOGUE. *Dia* ne vient pas du latin *duo* (deux), mais du grec *dia* δία (à travers).

Le dialogue peut donc rassembler plus de deux personnes, et le néologisme « trilogue » n'a pas de raison d'être.

DIEU.

Le mot le plus vénérable de la langue humaine s'écrit-il avec une majuscule ou avec une minuscule ? Ceux qui l'écrivent avec une minuscule — admettant par là un possible pluriel — sont considérés comme des païens par ceux qui l'écrivent avec une majuscule.

DISCUTABLE.

Douteux, qui prête à la critique. Empruntant ce mot au français, les Allemands donnent au

contraire à *diskutabel* le sens positif de : accep-
table, que l'on peut sérieusement envisager,
digne d'une discussion.

DOUTEUR, DOUTEUX.

Quiconque n'a pas de conviction absolue et
incline à toujours tout remettre en question est
suspect aux yeux des fanatiques. Dans un régime
totalitaire, le douteur est douteux.

E.

La lettre la plus fréquente de la langue française. Ce pourquoi Georges Perec l'avait choisie pour la faire « disparaître » de son roman *La Disparition* (1969).

ÉBÉNISTE.

Fabricant de meubles de chêne, d'acajou, de bois fruitiers, etc., mais jamais d'ébène. De même un *or*fèvre travaille l'argent, et non l'or.

ÉCLATÉ.

Se dit du dessin d'une machine dont les pièces sont figurées séparées les unes des autres.

ÉCOUMÈNE.

Partie habitable de la terre. Un beau et tendre mot qui mériterait d'entrer dans l'usage.

ÉCRIVAIN.

Entendu cette définition par un enfant : *Ils habitent la campagne et ils sont souvent morts.* Autrement dit, en dehors de leurs livres, ils n'existent pas. Ce qui est juste, amer et exaltant.

EFFLUVE. Mot masculin.

Émanation d'un corps vivant ou mort, d'un animal, d'un mets, etc. Senteur toujours organique, c'est-à-dire impure.

EFFONDRILLES.

Dépôt qui reste au fond d'un vase après ébullition ou infusion.

EMBRASSER.

Prendre dans ses bras.

ENJAMBER.

Éviter (en passant la jambe par-dessus).

ÉMIGRETTE.

Jeu en faveur parmi les émigrés de 1792, *et qui consiste en un disque creusé dans son pourtour et traversé par un cordon qu'une légère secousse fait enrouler autour de la rainure, de sorte que le disque monte le long de la corde* (Littré). Réinventé en 1930 sous le nom de « yoyo ».

ENCALMINÉ.

Immobilisé par l'absence de vent. Se dit d'un bateau, mais devrait s'employer au figuré pour certains hommes qu'une vie trop calme annihile.

ENCENSOIR, REPOSOIR, OSTENSOIR.

Mots somptueux et prodigieusement évocateurs dont Baudelaire use avec éclat dans son célèbre poème « Harmonie du soir », mais qui ne signifient plus rien pour les lecteurs nés après la guerre (1945), ces objets du culte ayant été alors jetés au rebut en même temps que cessaient les processions de la Fête-Dieu.

ENCOMBRER.

1. Barrer une rivière avec des arbres abattus.
2. Gêner par un entassement quelconque.

ÉNERVANT.

1. Qui endort les nerfs. Débilitant.
EXEMPLE : *un climat énervant.*
2. Qui excite les nerfs de façon pénible.
EXEMPLE : *un enfant énervant comme un moustique.*

ENFERMÉ.

Ce mot doit sa force négative à ses deux premières syllabes. Être enfermé, c'est être en enfer.

ENGOUER (S').

Concevoir un goût très vif, une passion pour quelqu'un ou quelque chose.

Il est regrettable que ce mot soit tombé en désuétude. Son synonyme *s'enticher* ne le vaut pas.

ENJÔLER. De l'espagnol *enjaular* : mettre en cage.

1. Enfermer dans une geôle (prison).
2. Séduire à force de douceur.

ENNUI.

1. Chagrin violent.

EXEMPLE : *Si d'une mère en pleurs vous plaignez les ennuis* (Racine, *Bérénice*).

2. Tristesse provoquée par le vide et l'inaction.

EXEMPLE : *Dans la ménagerie infâme de nos vices,/ Il en est un plus laid, plus méchant, plus immonde !/ Quoiqu'il ne pousse ni grands gestes ni grands cris,/ Il ferait volontiers de la terre un débris/ Et dans un bâillement avalerait le monde ;/ C'est l'Ennui !* (Charles Baudelaire, *Les Fleurs du mal*, « Au lecteur »).

ENTENDRE.
1. Percevoir par l'oreille.
2. Comprendre par l'intelligence.
• L'amalgame de ces deux sens fait passer les sourds pour stupides.

ÉPI.
Perfection de ce mot de trois lettres (comme *blé* auquel il est habituellement accouplé), sa légèreté, sa forme pointue et sa secrète plénitude. La langue française en créant ce mot a rivalisé avec la nature créant la chose, elle-même admirable.

ÉPOUVANTAIL.
Mannequin destiné à éloigner les oiseaux. Mais le mot même indique assez que ce sont les êtres humains qui sont visés. L'épouvantail épouvante le passant, le vagabond, le nomade, non seulement par sa laideur, mais par la menace d'envoûtement qu'il contient.

ÉQUANIMITÉ. Du latin *œquus* : égal, et *anima* : âme.

Sérénité. De façon très typique de l'esprit antique, sagesse est identifiée à indifférence.

ERRE.
Vitesse acquise.
EXEMPLE : *le navire glisse sur son erre*. On pourrait écrire de même : vivre sur son erre (= sur son acquis).

ESCARMOUCHE.
Combat rapide et sans gravité. La vilaine plaie évoquée par *escarre* se trouve ici curieusement minimisée par cette *mouche* finale.

ESSORER. Du latin *aura* : vent, air.
L'oiseau s'essore, prend son essor, s'envole. On essore le linge mouillé en le faisant sécher au vent.

ESTHÉTIQUE. Du grec *aisthanesthai* αἰσθάνεσθαι : sentir, percevoir par les sens.
Il n'y a donc d'esthétique que ce qui est perçu par les sens (principalement par la vue et l'ouïe). L'abstrait, le mental, l'idéal ne peuvent avoir de valeur esthétique, si ce n'est métaphoriquement.

ÉTALON.

1. Du francique *stal* : écurie. Cheval destiné à la reproduction.

2. Du francique *stalo* : poteau. Modèle de mesure.

• Ces homonymes se rejoignent curieusement, car un cheval doit être parfait, exemplaire, modèle pour être choisi comme reproducteur, et d'autre part la marque de l'étalonnage se multiplie sur les mesures et appareils qu'elle authentifie, tout comme les qualités du cheval-étalon se retrouvent chez ses descendants.

ÉVANGILE. Du grec *eu* εὖ et *aggelos* ἄγγελος : bonne nouvelle.

Personne ne bafoue plus littéralement le christianisme que celui qui en fait une religion de larmes, de repentir et de désespoir.

EXAUCER.

Satisfaire une demande.

EXHAUSSER.

Placer plus haut, relever.

• Dieu relève le croyant agenouillé en écoutant sa prière.

EXQUIS.

1. Extraordinaire, extrême. Bossuet parle de « supplices exquis », c'est-à-dire particulièrement cruels.

2. Délicieux, délectable.

EXUBÉRANT. Du latin *uber* : sein, mamelle.

Qui a de gros seins.

EXEMPLE : *Jane Mansfield était une femme exubérante.*

FABLE, FABULEUX.

Curieuse divergence entre le substantif et l'adjectif. Fable évoque la petitesse, fabuleux la grandeur.

FADE.

1. Sans goût, insipide.

2. Part du butin revenant à l'un des voleurs.

3. En argot : volupté sexuelle portée au suprême degré.

FAIM.

Gaston Bachelard : *Seigneur, donnez-nous notre faim de chaque jour !*

FAMEUX.

Qui a une très bonne réputation.

FAMÉ.

Toujours précédé de « mal » : qui a une très mauvaise réputation.

FARIGOULE.

Thym en provençal. Nom d'état civil de l'écrivain Jules Romains. Il faut prendre garde aux pseudonymes. Il a toujours semblé que le masque romain tenait mal, et que la farigoule perçait sous le marbre antique.

FERVEUR. Du latin *fervor* : chaleur.

N'est plus employé que métaphoriquement : « ferveur religieuse ». Il serait pourtant intéressant de restituer au mot son sens premier : un *poêle fervent, un café fervent.*

FESSE. Du latin *fissum* : fente.

Chacune des deux parties charnues qui forment le derrière de l'être humain. Il est remarquable que partant de ce terme singulier et négatif : *fente*, on soit passé à ce comble de positivité charnelle multiplié par deux.

FONDEMENT.

Principal appui. Base. Cause première. Motif. Anus. Voir dans *Le Vent Paraclet* de Michel

Tournier l'affinité profonde de l'ontologie et de la scatologie.

FRAPPURE.
Tache décolorée provoquée par les rayons de la lune sur un tapis ou une moquette.

FRUSTE, FRUSTRÉ, RUSTRE.
Trois mots dont les connotations s'influencent à la faveur d'une certaine homophonie. On oublie que *fruste* veut dire poli par l'usage (comme le manche d'un outil) et donc tout le contraire de *rugueux*. La confusion donne parfois *frustre*.

FUMÉE, FUMET, FUMIER.
Même observation.

FURTIF. Du latin *fur* : voleur.
Clandestin, caché. Corneille parle dans *Médée* d'un « amour furtif ». On ne saurait imaginer association verbale plus ravissante. La langue anglaise — qui n'est en grande partie qu'un créole français — a parfois cependant des trouvailles verbales savoureuses auxquelles un Français n'aurait jamais songé. Ainsi « l'avion furtif » (qui échappe à la détection par radar).

GALE.

Maladie parasitaire animale.

EXEMPLE : *Qui n'a pas eu la gale ne sait pas ce qu'est la volupté de se gratter* (Edward Reinrot).

GALLE.

Maladie parasitaire végétale.

GALOPIN. De galoper.

Enfant chargé des courses et des commissions.

GARCE.

Fille méchante ou de mauvaise vie. Mot toujours péjoratif, alors que le masculin *garçon* est neutre.

GARÇONNIÈRE.

Appartement où un garçon reçoit des garces.

GAUCHE.

1. Défectueux, dévié, malhabile.
2. Opposé à la droite.

EXEMPLE : *main gauche*.

3. Professant des idées politiques de progrès.

GENTIL.

1. Équivalent de goy. Non-juif. Comme saint Pierre était l'apôtre des Juifs de Jérusalem, saint Paul devint l'apôtre des « gentils ».
2. Pour les chrétiens du Moyen Âge : infidèle, mécréant, non-chrétien.
3. De naissance noble. Gentilhomme.
4. Courageux, généreux, de grand cœur.

EXEMPLE : *un gentil et vertueux prince*.

5. Doux, plaisant, agréable, plein de gentillesse.

GLABELLE.

Espace compris entre les deux sourcils. *Taroupe :* poils poussant sur la glabelle.

GLAUQUE.

Il n'est pas inutile de rappeler que glauque veut dire vert. De même rutilant = rouge.

GOULEYANT.

Se dit d'un vin qui se boit abondamment et agréablement. Peut s'employer pour la musique ou la littérature.

GOURME.

1. Maladie de peau affectant plus particulièrement les petits enfants.

2. Partie du mors du cheval (= gourmette).

3. Gourmé : qui affecte un maintien gourmé.

« Jeter sa gourme » : se libérer (en parlant des jeunes gens). On ignore de quelle gourme il s'agit (sens 1, 2 ou 3).

GOÛTER.

Belgicisme : avoir goût de.

EXEMPLE : *le rôti goûte le brûlé.*

GRAVELEUX. De grève.

1. Semé de graviers.

EXEMPLE : *un chemin graveleux.*

2. Atteint de la maladie de la gravelle (calculs rénaux).

3. Immoral.

EXEMPLE : *tenir des propos graveleux.*

• Évolution de sens qui va du matériel au moral avec une étape intermédiaire physiologique. Il est intéressant d'utiliser le mot dans son sens matériel en jouant sur la rémanence d'une connotation morale devenue indélébile.

EXEMPLE : *il entraînait la jeune fille dans les sentiers graveleux de l'arrière-pays.* Comparer avec *scabreux.*

GRAVIDE.

Se dit de la femme enceinte et de la femelle pleine. Ce beau mot sombre et mystérieux (comment *vide* peut-il signifier *plein* ?) nous rappelle que dans les situations les plus fondamentales, l'homme ne se distingue pas de l'animal.

GUIDANCE.

Mot de vieux français sauvé par l'anglais et qui n'a pas d'équivalent en français moderne.

EXEMPLE : *visiter un château sous la guidance du propriétaire.*

HAGARD.

Se dit d'un rapace (faucon, épervier) capturé trop tard pour pouvoir être dressé. L'oiseau doit être « niais » (sorti du nid) pour être apprivoisé.

HAUT LE PIED.

Se dit d'un cheval de rechange qui n'est ni monté ni chargé. D'une locomotive sans train. D'un train de marchandise vide, etc.

HÉLIOPHANIE.

Lever du soleil considéré comme une divinité. Mot créé par Michel Tournier dans son roman *Vendredi ou les Limbes du Pacifique*.

HÉROÏNE.

1. Femme de grand courage ou jouant le rôle principal dans un événement ou une fiction.

2. Ester diacétique de la morphine, l'une des drogues les plus redoutables. En argot : neige, came, merde, etc.

HÉTÉROSEXUEL.

Qui éprouve un attrait sexuel pour des personnes du sexe opposé. Ce mot créé *a contrario* à partir d'homosexuel, mot qui ne se trouvait, il y a vingt ans, dans aucun dictionnaire.

HEUREUX.

Est-il heureux ? demandait le très superstitieux Mazarin quand on lui parlait d'un candidat à un poste élevé. Il voulait dire par là : a-t-il de la chance ?

HIBERNER.

Être en état d'hibernation, sorte de léthargie avec abaissement de la température corporelle dans laquelle certains animaux (marmottes, loirs) passent les mois d'hiver.

HIVERNER.

(Se) mettre à l'abri pendant les mois d'hiver. EXEMPLE : *les 'vaches et les moutons hivernent dans des étables.*

Il est remarquable que ces deux mots — qui ne diffèrent que par une lettre — désignent des phénomènes voisins, mais bien différents cependant, le premier biologique, le second social.

HOLOCAUSTE.

Religion juive : sacrifice religieux accompli selon les rites au cours duquel un animal — mouton ou bœuf — est entièrement brûlé. C'est François Mauriac qui a eu l'idée, en 1958, d'appliquer ce mot au massacre des Juifs perpétré par les nazis.

HOROSCOPE.

Celui qui regarde l'heure (sous-entendu : de la naissance de l'intéressé pour en déduire son destin).

HUMOUR. Du français : *humeur*.

Mot anglais réputé intraduisible. Il est vrai cependant que l'humeur à la française étant généralement mauvaise (massacrante, de chien, etc.), il en reste un fonds de pessimisme dans l'humour anglais, lequel est plus souvent noir que rose.

HYSTÉRIQUE. Du grec *hustera* ὑστέρα : utérus.

Selon une croyance répandue au Moyen Âge, l'utérus serait un petit animal logé dans le ventre de la femme et dont la nourriture habituelle serait le sperme de l'homme. En l'absence de cette nourriture, l'utérus quitterait son gîte habituel — comme le loup sort du bois chassé par la faim — et se mettrait en quête d'une substance ressemblant au sperme. Il ne la trouverait que dans la substance grise du cerveau, rendant ainsi la femme « hystérique ».

ICONISATION.

Mot créé par Michel Tournier. Certains paysages, monuments ou personnages célèbres, pour avoir été copiés, représentés ou photographiés excessivement, se trouvent vidés de toute réalité, réduits à leur propre stéréotype, sans épaisseur ni consistance. La tour Eiffel, la Joconde ou telle et telle vedette de music-hall, rongées par l'image, n'existent plus comme réalités. C'est le phénomène d'*iconisation*, considérablement aggravé par la multiplication des médias.

ICONOPHILIE.

Perversion consistant à préférer l'image d'une personne à cette personne même.
EXEMPLE : *le culte des « pin-up » est iconophile.*

IGNORANTINS.

Religieux de l'ordre de Saint-Jean-de-Dieu spécialisés dans l'enseignement des enfants pauvres.

IMPLACABLE.

Qu'on ne peut plaquer.
EXEMPLE : *une femme implacable.*

IMPLOSION.

Contraire d'explosion. Le mot, comme l'idée, est assez récent. Sans doute remonte-t-il à la Seconde Guerre mondiale. On a constaté que la force destructrice d'une bombe est plus implosive qu'explosive. En effet, la bombe en explosant chasse l'air (explosion), mais ce premier mouvement centrifuge est immédiatement suivi d'un mouvement centripète (implosion), lequel paraît plus destructeur encore. C'est ainsi que les vitres cassent et les murs tombent du côté de l'impact de la bombe. Effet non pas soufflant, mais aspirant.

• S'éclater. Joie, libre déploiement des rêves et des aspirations. Mais l'image reste triste et maladroite. L'homme obèse qui explose, projetant ses tripes de tous côtés. L'homme vaniteux qui déborde de lui-même, comme un vase trop plein. S'éclatent. Mais l'implosion, c'est autre chose. On pense alors à un cyclone. Le cyclone est une dépression atmosphérique très circonscrite que les vents ne parviennent pas à combler, parce qu'ils sont entraînés dans un mouvement giratoire effréné autour de l'œil du cyclone. C'est une belle image de l'homme possédé par un rêve ardent, lequel au lieu de se réaliser purement et simplement reste irréalisé, et devient le moteur d'un mouvement giratoire vertigineux des choses autour de l'homme et de l'homme lui-même autour de son âme.

INDICIBLE.

Trop... pour être dit

INEFFABLE.

Trop beau pour être dit.

INNOMMABLE.

Trop laid pour être dit.

INFINI.

Ce comble de la positivité est exprimé par une double négation : *in-fini.*

INGÉNIOSITÉ.

Nom donné à l'intelligence des autres par ceux qui s'en savent dépourvus.

IRISATION. Du grec *iris* ἶρις : arc-en-ciel. Propriété de certains corps de décomposer la lumière dans les sept couleurs du spectre.

JADIS ET NAGUÈRE.
Il y a longtemps et il n'y a guère (Poèmes de Paul Verlaine).

JARGON.
1. Cri du jars.
2. Langage obscur propre à une profession.
EXEMPLE : *Le jargon des médecins.*

JOUBARBE. Du latin *Jovis barba* : barbe de Jupiter.
Plante vivace poussant sur les toits, les murs, les rochers, dont les rosettes de feuilles ressemblent à des petits artichauts (famille des crassulacées).

JOUG.

Pièce de bois qu'on attache sur la tête des bœufs pour les atteler. Paradoxalement on ne peut dire *subjuguer* des bœufs. Même racine que *yoga*. D'un mot sanskrit qui veut dire *unir*.

JOVIAL. Du latin *jovialis* : jupitérien.

Gai, joyeux.

JUNGLE. Du sanskrit : *désert*.

Employé par erreur dans le sens de forêt épaisse.

JUSQUIAME.

Plante affectionnant les décombres, à feuilles visqueuses et à fleurs jaunâtres rayées de pourpre. La jusquiame est très vénéneuse.

KAKI.	**KIBBOUTZ.**
KALÉIDOSCOPE.	**KIMONO.**
KAMIKAZE.	**KIOSQUE.**
KANGOUROU.	**KITCHENETTE.**
KAPOK.	**KNICKERBOCKERS.**
KARATÉ.	**K.-O.**
KAYAK.	**KOALA.**
KÉPI.	**KOULIBIAC.**
KERMESSE.	**KRONPRINZ.**
KHÉDIVE.	**KYRIE ELEISON...**

Peut-on faire le portrait d'une lettre? La connotation des mots où elle entre présente-t-elle une certaine cohésion? À considérer l'ensemble exotique, généreux et haut en couleur de ces vingt mots, on pourrait le croire, au moins en ce qui concerne la lettre k.

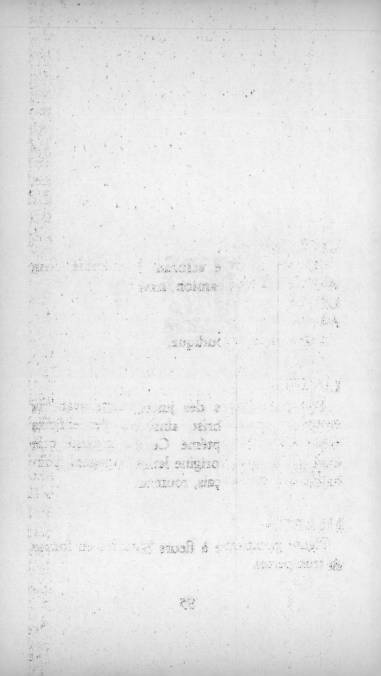

LEST. Substantif.

Matière pesante assurant la stabilité d'un véhicule (ballon, camion, navire).

LESTE.

Adjectif.

Léger, agile, impudique.

LIMBES.

Séjour des âmes des justes morts avant la venue de Jésus-Christ, ainsi que des enfants morts avant le baptême. Ce mot n'existe que dans les langues d'origine latine (espagnol, portugais, italien, français, roumain).

LISERON.

Plante grimpante à fleurs blanches en forme de trompettes.

EXEMPLE : *C'est en lisant qu'on devient liseron*
(Maurice Fombeure).

LOGOSPHÈRE.

Mot inventé par Gaston Bachelard :

*La radio est un problème tout à fait cosmique;
toute la planète est en train de parler. Mais il va
falloir définir un concept. Le concept est le sui-
vant : les bergsoniens ont parlé d'une biosphère,
c'est-à-dire d'une couche vivante où il y a des
forêts, des animaux, des hommes même. Les idéa-
listes ont parlé de noosphère, qui est un sphère de
pensée. On a parlé de la stratosphère, de la iono-
sphère : la radio, heureusement, bénéficie d'une
couche ionisée. Quel est le mot qui convient pour
cette parole mondiale ? C'est la* logosphère. *Nous
parlons tous dans la logosphère. Nous sommes des
citoyens de la logosphère (Le Droit de rêver).*

LOUSTIC.
De l'allemand *lustig* : gai, plaisant,
rigolo.

Ce n'est pas l'une des manifestations les moins
réjouissantes du rajeunissement de l'Église que
la nomination comme cardinal de France d'un
prélat s'appelant *Lustiger*, le loustic.

LUXE.
Abondance, profusion.

LUXER.

Faire sortir un os de sa place naturelle.

LUXURE.

Abandon aux plaisirs charnels.

LUXURIANT.

Qui pousse en abondance et en désordre.

MAIGRE.

Du temps que la plupart des Français souffraient de la faim, une femme se devait d'être grasse pour être belle et désirable. Aujourd'hui, c'est l'inverse qui vaut, et Louis Bouilhet — qui n'est resté dans l'histoire des lettres que comme l'ami de Gustave Flaubert — mériterait d'entrer dans les anthologies de la poésie avec les vers qu'il dédia à son grand amour, Mlle Chéron : *Qu'importe ton sein maigre, ô mon objet aimé!/ On est plus près du cœur quand la poitrine est plate,/ Et je vois comme un merle en sa cage enfermé,/ L'Amour entre tes os rêvant sur une patte!*

MAPPEMONDE.

Représentation à plat de la terre divisée en deux hémisphères. Par erreur : globe terrestre en trois dimensions.

MASSICOT.

Machine à rogner le papier. Massicoté, un livre n'a pas à être ouvert à l'aide d'un coupe-papier. De rares éditeurs vendent encore des livres non massicotés (José Corti, par exemple). Le premier prix Goncourt massicoté fut *Le Dernier des justes* d'André Schwarz-Bart en 1959.

MÉPRIS.

Sentiment par lequel on n'attache pas de prix à une chose ou à une personne.

MÉPRISE.

Confusion involontaire entre deux choses ou deux personnes. En passant du féminin au masculin, on introduit donc une intention maligne.

MER, MÈRE.

Si l'on admet que toute vie vient des océans, l'homophonie de ces deux mots peut difficilement passer pour fortuite.

MÉTÉORE.

Tout phénomène qui se passe dans l'atmosphère comme le tonnerre, les éclairs, la pluie, la neige, l'arc-en-ciel, la grêle, etc. De là : *météorologie*, partie de la physique qui traite de ces phénomènes.

Une dérive récente de l'usage tend à confondre *météore* et *météorite* (fragment minéral venu des espaces interplanétaires). Aujourd'hui, certains dictionnaires s'efforcent de maintenir une distinction entre ces deux mots en définissant *météore* par le phénomène lumineux, et *météorite* par l'objet matériel.

MIDI.

1. Milieu du jour.

EXEMPLE : *il est midi.*

2. (Avec majuscule) Sud de la France.

EXEMPLE : *Aller dans le Midi.*

• Le lien entre ces deux sens — l'un temporel, l'autre géographique — c'est le soleil qui n'est pourtant explicité ni dans un cas ni dans l'autre.

MILIEU.

1. Centre.

EXEMPLE : *coiffé la raie au milieu.*

2. Ce qui entoure une chose ou un être vivant. Ambiance, atmosphère, société.

EXEMPLE : *il a été élevé dans un milieu cosmopolite.*

• En somme le centre et le contraire du centre.

MINERVE.

Il y a plus que de l'humour noir, une gouaille d'une finesse surprenante, à désigner du nom de la déesse de la Sagesse le plâtre impressionnant où on emprisonne la tête, le cou et les épaules d'un malade atteint de lésions vertébrales.

EXEMPLE : *dans le film* La Grande Illusion, *de Jean Renoir, c'est Erich von Stroheim lui-même qui a eu l'idée géniale de jouer avec une minerve.*

MONSTRE. Du latin *monstrare* : montrer.

Être extraordinaire que l'on montre (du doigt, dans les foires, etc.).

MORGUE.

1. Attitude méprisante et affectée.

2. Établissement où sont exposés les cadavres d'inconnus.

• Il est clair que le sens 1 s'est trouvé considérablement aggravé et assombri par le sens 2.

MUFLE.

1. Extrémité du museau de certains gros animaux (lion, bœuf, chameau, etc.).

2. Individu grossièrement malpoli.

MÛRE.

Fruit du mûrier. Peu comestible. On le confond généralement avec le *mûron*, fruit très apprécié de la ronce.

NAÎTRE.

Sur certaines tombes, on lit *natus* (date), *dena-
tus* (date). Car la mort étant le contraire de la
naissance, mourir, c'est *dénaître*. On peut broder
sur ce thème en comparant par exemple la terre
du cimetière au ventre maternel, etc.

NIAIS.

Qui sort du nid. Terme de fauconnerie.
Comparer : *hagard*.

NŒUD.

Peut être formé d'un seul brin enlacé à lui-
même, ou de deux ou plusieurs brins entrelacés.

NORMAL.

1. Conforme à la norme. Idéal.
2. Conforme à la moyenne. Habituel.

Ces deux sens sont contradictoires, et le glissement plus ou moins conscient du premier au second conduit à ériger la bêtise, l'ignorance, la lâcheté et la laideur — qui sont choses « habituelles » — en idéaux vers lesquels il convient de tendre.

OBÉLISQUE. Du grec *obeliskos* ὀβελίσκος : broche à rôtir.

Mot masculin qu'on s'acharne à mettre au féminin, malgré sa forme évidemment phallique.

OBNUBILER. Du latin *nubes* : nuage.

Couvrir de nuages. Hélas, ce beau mot n'est guère utilisable dans son sens propre, car si j'écris *la lune était obnubilée*, qui me comprendra? Le sens figuré (*la vue ou l'esprit obnubilé par une idée fixe*) est beaucoup moins intéressant.

Faut-il admettre que *noce* et *nubile*, d'après l'étymologie, ont cette même origine, parce que la fiancée est cachée par des voiles le jour de la cérémonie?

OFFUSQUER.

1. Cacher, masquer.

EXEMPLE : *le brouillard offusque la lune.*

2. Choquer, blesser.

EXEMPLE : *il s'offusque des plaisanteries les plus innocentes.*

OISEUX. Du latin *otium* : oisiveté.

Inutile. Ce mot ne doit donc rien étymologiquement aux oiseaux. Il n'empêche que des « paroles oiseuses » évoquent nécessairement des caquets d'oiseaux.

PAÏEN. Du latin *paganus* : paysan, campa-gnard.

Non-chrétien, relevant du polythéisme anti-que. Cette étymologie nous rappelle que le christianisme a été d'abord un phénomène urbain — et même portuaire — avant de gagner lentement les campagnes de l'intérieur des terres.

PAILLARD.
1. Qui couche sur la paille.
2. Joyeux et débauché.

PALAIS.
1. Somptueuse et noble demeure.
2. Voûte supérieure de la cavité buccale qui abrite la langue.

PALINDROME. Du grec *palindromos* παλίνδρομος : qui court en sens inverse.

Mot ou groupe de mots pouvant se lire identiquement de gauche à droite et de droite à gauche.

EXEMPLE : *élu par cette crapule.*

Le diplomate Léon Noël, auquel on demandait un jour si ses parents avaient voulu faire un palindrome de son nom en lui ajoutant ce prénom de Léon, aurait répondu qu'il ne s'était jamais avisé de cette particularité de son nom.

PARABOLE.

1. Trajectoire courbe d'un projectile.

2. Brève affabulation par laquelle Jésus lançait son enseignement dans la foule.

PAROLE.

On prête ce mot au président Vincent Auriol : *Ce n'était là que des paroles verbales.* Apparemment grotesque, il se justifie cependant par la connotation positive de *parole* (donner, tenir sa parole, un homme de parole) et négative de *verbal* (verbeux, verbiage).

PAS.

1. Mouvement consistant à poser un pied devant l'autre.

2. Mesure très petite, minimale, aboutissant à un sens négatif.

EXEMPLE : *je n'ai* pas *avancé* = *je n'ai pas avancé d'un seul pas.*

• Comparer : *mie, goutte, point.*

PÂTIR, PASSIF, PASSION, PATHÉTIQUE, PATHOLOGIQUE.

Il ne faut pas perdre de vue la parenté de ces mots et leur connotation négative. Antonymes : *agir, actif, action, héroïque, sain.*

PATHÉTIQUE. Du grec *pathetikos* παθητικός : sensible.

En psychiatrie, on oppose régime *pathétique* (à base d'excitants) et régime *apathique* (à base de dépresseurs).

PATRIE. Du latin *patria* : pays du père.

Il faudrait créer le mot *matrie*, pays de la mère, et *matriotisme*, concepts dépourvus de l'agressivité et du militarisme qui entachent *patrie*. Au sort glorieux de ceux qui sont « morts pour la patrie », on opposerait le sort heureux de ceux qui « vivent pour la matrie ».

PAUPÉRISME.

État de pauvreté. En écrivant un essai intitulé *De l'extinction du paupérisme*, le futur Napoléon III traitait la pauvreté en absolu, comme une sorte de maladie sociale dont il fallait guérir le pays. On pouvait lui objecter que chacun se sent (injustement) pauvre en comparaison de plus riches, et que la pauvreté est essentiellement relative. Or il n'y a pas d'extinction possible du relatif.

PAUPIÈRE.

Rideau de chair permettant d'occulter la vision. Seuls certains animaux aquatiques — phoques — possèdent des paupières à oreille.

PAYSAGE.

Partie d'une terre vue par un observateur, promeneur, peintre, touriste, etc. Le paysage n'existe que par le « paysagiste », ne lui accordât-il qu'un coup d'œil distrait.

PÉRISSOIRE.

De périr. Petit bateau chavirant facilement.

PERSONNE. Du latin *persona* : masque de théâtre.

1. Individu humain.

2. Absence de tout individu humain.

• Entre ces deux sens totalement contradictoires, le *masque* étymologique s'interpose de façon énigmatique.

PETIT-MAÎTRE.
Jeune prétentieux à l'élégance voyante.
PETIT MAÎTRE.
Peintre de grande qualité, mais de second ordre.

PHORIE. Du grec *phorein* φορεῖν : porter.
Se trouve notamment dans *amphore, Christophe, doryphore.* Acte de porter. Le roman *Le Roi des aulnes* de Michel Tournier s'intitulait primitivement *La Phorie.*

PISTACHIER.
1. Arbre produisant la pistache.
2. Mot méridional. Homme coquet et coureur de jupons.

PLAISIR.
Sentiment positif qui accompagne la consommation — c'est-à-dire la destruction — d'un bien. S'oppose à la *joie*, sentiment qui accompagne tout acte de création. Seul de son genre, l'acte sexuel mêle le plaisir et la joie, car il

est créateur, mais en même temps, il est prise de possession, et en un certain sens consommation du partenaire.

POLI.
1. Du latin *polire* : polir.
Lisse et luisant.
2. De l'italien *politezza* : civilisé.
Qui a de la politesse.

PONTIFE. Du latin *pontifex* : constructeur de pont, pontonnier.

On n'a jamais très bien su ce que la dignité de pape, Souverain Pontife, avait de commun avec le métier de pontonnier.

PORCELAINE. Du latin *porcella* : truie.

Coquillage affectant la forme d'une vulve de truie.

POUBELLE.
Le préfet de la Seine, Eugène Poubelle, imposa aux Parisiens en 1884 l'usage de boîtes à ordures métalliques. Par une illusion irrésistible, on ne peut s'empêcher de penser que ce nom le prédestinait à ce rôle historique.

PRIMESAUTIER.

Impulsif, spontané. À cet adjectif dont la lourdeur vient contredire le sens, on devrait préférer le vieux substantif *primesaut* injustement oublié. EXEMPLE : *Une de ces lettres que le primesaut vous dicte* (Pierre Loti).

PRUNELLE.

1. Fruit du prunellier.
2. Pupille de l'œil.

PUPILLE. Du latin *pupa* : petite fille, poupée, pupille de l'œil.

1. Orphelin mineur en tutelle.
2. Orifice central de l'œil.

• Ces deux sens se retrouvent identiquement dans le grec *kore* κόρη.

Leur relation reste énigmatique, malgré les explications qu'on a voulu en donner : fragilité, valeur inestimable, petite image inversée, etc., qui s'appliqueraient aussi bien (?) à la petite fille qu'à la prunelle de l'œil.

PYRAMIDE.

Monument à base quadrangulaire et à faces triangulaires se terminant en pointe (pyramidion).

EXEMPLE : *La forme même des pyramides d'Égypte prouve que, dès la plus haute antiquité, les ouvriers avaient déjà tendance à en faire de moins en moins* (Pierre Dac).

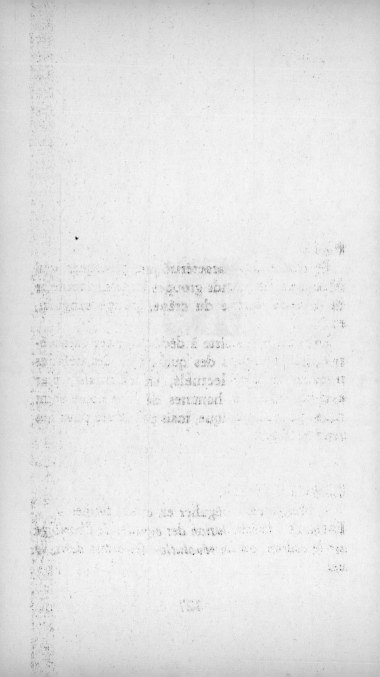

RACE.

Ensemble des caractéristiques physiques qui définissent les grands groupes humains (couleur de la peau, forme du crâne, groupe sanguin, etc.).

Le racisme consiste à déduire de ces caractéristiques physiques des qualités ou des défauts moraux ou intellectuels, en affirmant, par exemple, que les hommes de race noire sont doués pour la musique, mais peu doués pour les mathématiques.

RÉVOLUTION.

1. Mouvement régulier en circuit fermé.
EXEMPLE : *la révolution des aiguilles de l'horloge sur le cadran, ou la révolution des astres dans le ciel.*

2. Changement historique brutal et irréversible.

• La théorie nietzschéenne de l'éternel retour — selon laquelle l'histoire humaine se répète indéfiniment — consiste à réduire le sens 2 au sens 1.

ROUGE.

Le prestige de cette couleur la fait souvent identifier à la beauté (en russe notamment. Voir à l'article *alezan*). En espagnol le *Rio colorado* se traduit par « fleuve rouge ». En français, *rutilant* veut dire rouge, mais aussi brillant, magnifique.

SANG.

Liquide rouge qui circule dans les artères et dans les veines, et qui transporte les éléments nutritifs et les déchets de toutes les cellules de l'organisme.

Cette définition si simple et si claire est de nature à calmer l'imagerie forcenée dont on entoure habituellement le sang.

SAUPOUDRER.

Un exemple de mot devenu inutilisable. En effet *sau* veut dire *sel*. *Saupoudrer*, c'est donc *poudrer avec du sel*, mais qui le sait encore ? Or on ne peut dire *saupoudrer de sel* (pléonasme), et moins encore *saupoudrer de sucre, de farine*, etc.

SEXAGÉNAIRE.

Homme entré dans l'âge du sexe. Ce n'est plus le démon de midi, c'est bien pire.

SEXEUR.

Spécialiste, généralement japonais, faisant le tri entre poussins mâles et poussins femelles. De même que l'enfant humain indique son sexe par la couleur de ses lainages (bleus pour les garçons, roses pour les filles), le sexe du poulet se reconnaît à la couleur du duvet, rouge pour les poulettes, blanc pour les coquelets.

SOLITAIRE.

1. Anachorète.
2. Diamant monté seul.
3. Sanglier mâle adulte.

SPÉCULAIRE.

Hallucination spéculaire : trouble mental au cours duquel le malade croit se voir lui-même comme dans un miroir.

SUBLIME. Du latin *sublimis* : suspendu en l'air, qui est dans les airs.

1. Respiration sublime, *celle qui est grande, accompagnée de mouvements des ailes du nez et*

d'élévation du thorax pendant l'inspiration (Littré).

2. Sens figuré : *Qui s'élève à une grande hauteur intellectuelle ou morale* [...]

Dans l'argot des ouvriers parisiens, sublime, nom que se donnent certains ouvriers qui ne font rien d'utile, mais se livrent à la boisson, contractent des dettes qu'ils ne paient pas, et se font gloire de leurs vices et de leur paresse (Littré).

SURPLOMBER.

Faire saillie au-dessus de.

EXEMPLE : *le balcon surplombe le trottoir.*

Ne pas confondre avec *dominer.*

SURPRÉDATEUR.

Prédateur choisissant comme proie d'autres prédateurs.

EXEMPLE : *le lynx, grand chasseur de chats, eux-mêmes prédateurs.*

TACITURNE.

L'un des plus beaux mots de la langue française, sombre, étrange, d'une sonorité mate avec une pointe d'acidité. Il est remarquable que *laconique*, qui lui est voisin par le sens, soit d'une beauté comparable, bien que très différente.

TAISEUX.

Belgicisme (que l'on rencontre dans une chanson de Jacques Brel). Taciturne ou laconique par mauvais caractère ou mauvaise humeur.

TALENT.

1. Unité monétaire grecque d'une valeur considérable.

2. Faculté ou aptitude naturelle non acquise par l'apprentissage.

EXEMPLE : *un homme doué de talents arrive tou-*

jours à les monnayer, ce qui n'est pas vrai du génie, souvent réduit à la misère.

TEXTICULE.

Texte bref et vigoureux. Mot inventé par Raymond Queneau.

TOUPET.

1. Petite touffe de cheveux.
2. Aplomb, audace.

On peut imaginer un passage d'un de ces sens à l'autre par l'intermédiaire du « front », la touffe de cheveux se trouvant sur le front, et celui qui a du toupet étant un « effronté ».

TOURISME. De *tour*.

Action de voyager pour le seul plaisir. Le mot suggère un retour au point de départ. C'est bien en effet la caractéristique du voyage « touristique ». Le voyage utile au contraire n'implique pas le retour au point de départ. Quant au voyage *initiatique*, il suggère une métamorphose personnelle en profondeur du voyageur, voyage sans retour par excellence.

TRAVAIL. Du latin *tripalium* : trépied.

Appareil servant à immobiliser les chevaux ou

les bœufs que l'on ferre, et, dans certains pays, à
faire accoucher les femmes (« en travail »).

TRÉPIED.

En allemand *Dreifuss*. Pour les photographes,
l'affaire Dreifuss, c'est l'alternative si passionné-
ment discutée : doit-on faire des photos en
tenant l'appareil à la main ou en le fixant sur un
trépied ?

VÉNUSTE.
Beau comme Vénus.
VÉNUSTÉ.
Beauté, grâce, élégance dignes de Vénus.

VERDEUR.
1. Couleur verte.
2. État du bois vert.
3. Jeunesse.
4. Grossièreté verbale.

VOL.
1. Du latin *volare*, se déplacer dans les airs.
2. Du latin *involare*, dérober, prendre ce qui appartient à autrui.

• Il s'agit d'homonymes. Pourtant on appelle parfois un voleur un « monte-en-l'air », et il est vrai que des ailes, permettant de s'élever comme un oiseau, seraient bien utiles aux voleurs. D'ailleurs certains oiseaux — comme les pies — profitent de leurs ailes pour dérober des objets. Enfin, l'homme qui se déplace en avion fait subir aux maisons et aux jardins qu'il survole une violence qui fait de son vol un vol.

VOLUBILE.

1. Se dit d'une plante qui en croissant s'enroule autour de la tige d'une autre plante au point parfois de l'étouffer.

2. Qui parle avec abondance et rapidité. (Mais ne dirait-on pas que son discours s'enroule autour du corps et de la tête de son interlocuteur, comme une plante volubile?)

DU MÊME AUTEUR

LES ROIS MAGES. Illustrations de Michel Charrier. Folio junior 280.

QUE MA JOIE DEMEURE. Conte de Noël dessiné par Jean Clavenne. Enfantimages.

LES CONTES DU MÉDIANOCHE. Illustrations de Bruno Mallart. Folio junior 553.

Aux Éditions Belfond

LE TABOR ET LE SINAÏ. Essais sur l'art contemporain. Folio 2 550.

Aux Éditions Complexe

RÊVES. Photographies d'Arthur Tress.

Aux Éditions Denoël

MIROIRS. Photographies d'Édouard Boubat.

Aux Éditions Herscher

MORTS ET RÉSURRECTIONS DE DIETER APPELT.

Aux Éditions Le Chêne-Hachette

DES CLEFS ET DES SERRURES. Images et proses.

Au Mercure de France

LE VOL DU VAMPIRE. Notes de lecture. Idées 485.
LE MIROIR DES IDÉES.
LE PIED DE LA LETTRE

COLLECTION FOLIO

Dernières parutions

Composition Euronumérique
Impression Société Nouvelle Firmin-Didot
à Mesnil-sur-l'Estrée, le 24 septembre 1996.
Dépôt légal : septembre 1996.
Numéro d'imprimeur : 36015.

ISBN 2-07-040074-3/Imprimé en France.

76842